PHOTOGRAPHS
YANN ARTHUS-BERTRAND

PARIS FROM ABOVE

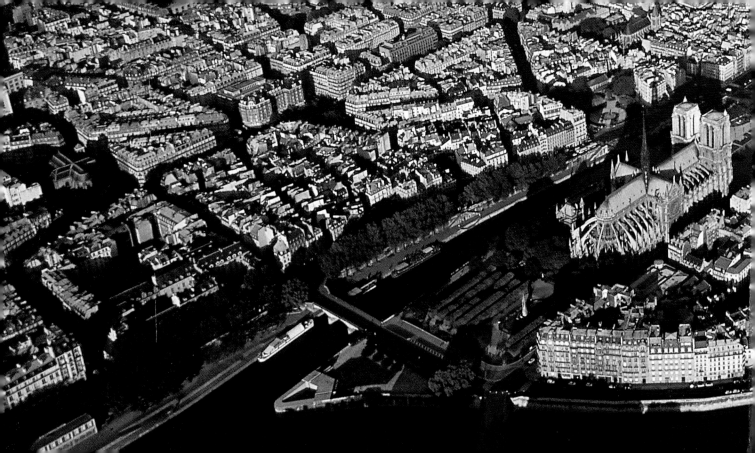

Paris, bien que remodelé considérablement par les larges percées et les constructions d'immeubles effectuées par le préfet Haussmann au milieu du XIXe siècle, a gardé sa configuration particulière qui rappelle son développement concentrique de part et d'autre de la Seine : le fleuve cerne l'île Saint-Louis reliée à l'île de la Cité, noyau initial de la capitale. La ville historique s'est enrichie d'un Paris moderne, remodelé par les Grands Travaux. Les photographies de Yann Arthus-Bertrand, prises d'hélicoptère, nous invitent à une nouvelle vision : Paris est aussi un paysage, fait de détails et d'horizons immenses.

Île de la Cité, ile Saint-Louis

Paris, even though considerably reshaped by Prefect Haussmann's buildings and major breaches in the city carried out in the mid-XIXth century, has kept its specific geographical pattern based on the concentric development of the city on both sides of the Seine. The river thus encircles the two islands, the Île Saint-Louis and the Île de la Cité, the initial core of the capital.
The historical city is coupled with a modern Paris, structured around the new monuments. Yann Arthus-Bertrand's photographs taken by helicopter therefore lead us to a new perspective : Paris is also a cityscape, made of details and large horizons.

Le vieux Paris

Old Paris

Ier, IIe, IIIe, IVe arrondissements

On trouve à Paris de nombreux édifices et monuments anciens. Mais nulle part ils ne sont concentrés comme dans ces quatre arrondissements dont l'ensemble occupe 5 % de la superficie totale de la capitale. C'est ici que Paris a pris naissance. Dans les dernières décennies, le Centre Pompidou, le nouveau quartier des Halles, la réhabilitation du Marais lui ont redonné jeunesse et vitalité.

There are many historic landmarks elsewhere in Paris, but there is no gainsaying the remarkable concentration of ancient buildings and monuments in these four arrondissements which, taken together, occupy just five percent of the total area of the capital. This is where the city was born. In recent years, projects like the Pompidou Centre and the redevelopment of Les Halles and the Marais have brought a new vitality to the area.

The Place des Vosges

pp. 8-9: The Stock
Exchange
< <

National Archives
<

Notre-Dame
>

p. 12:
The Sainte-Chapelle
<

Notre-Dame
>

Saint-Jacques tower
<

Saint-Eustache church
>

Place René-Cassin

Forum des Halles
>

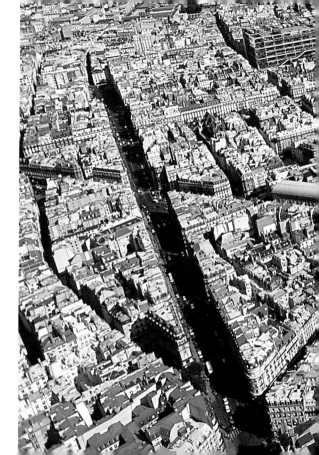

Business Exchange (formerly
the Corn Exchange)
<

Place des Victoires
>

p. 20: Pompidou Centre
>>

p. 21: Paris Town Hall
>>

pp. 22-23 :
Right Bank, Left Bank
‹ ‹

Louvre Caroussel
‹

Musée du Jeu de Paume
›

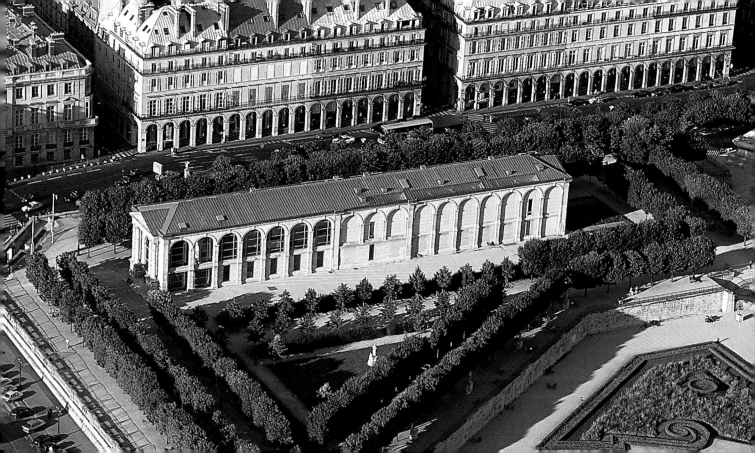

The Louvre
< <

Île de la Cité
<

Glass pyramid at the
Louvre
<

The Louvre
>

Buren's columns
‹

Gardens of the
Palais-Royal
›

The Place Vendôme

Rive gauche Left Bank

Vᵉ, VIᵉ, VIIᵉ, XIIIᵉ, XIVᵉ, XVᵉ arrondissements

La rive gauche de la Seine comprend des quartiers d'ancienneté et de caractère très différents. Il existe néanmoins une identité « rive gauche ». Ici siège le pouvoir législatif, Sénat et Chambre des députés ; ici, depuis la fondation de la Sorbonne, en 1253, s'apprennent le droit et la médecine, la théologie et la botanique. Ici aussi subsistent les vestiges les plus importants d'un Paris qui se nommait alors Lutèce.

The quartiers of the left bank of the Seine are characterized by enormous differences in terms of age and atmosphere. Nonetheless, the Left Bank does have a definite identity : it is the seat of legislative power, with both the Sénat and the Assemblée nationale, and also of learning since 1253, when the newly founded Sorbonne opened its doors to students of law, botany and theology. It has history stretching back to antiquity, to a time when Paris was known as Lutetia.

Saint-Germain-des-Prés

The Eiffel Tower
<

The Champ-de-Mars
>

pp. 38-39:
The Invalides
> >

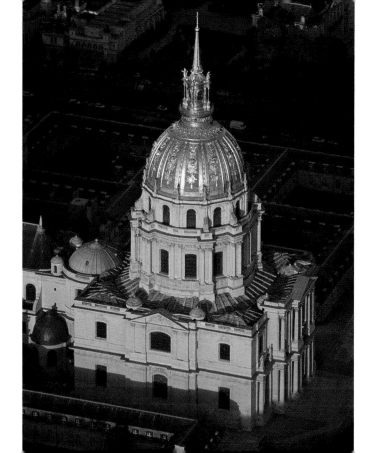

Inner court of the Val-de-Grâce

<

The Pitié-Salpêtrière
Hospital

>

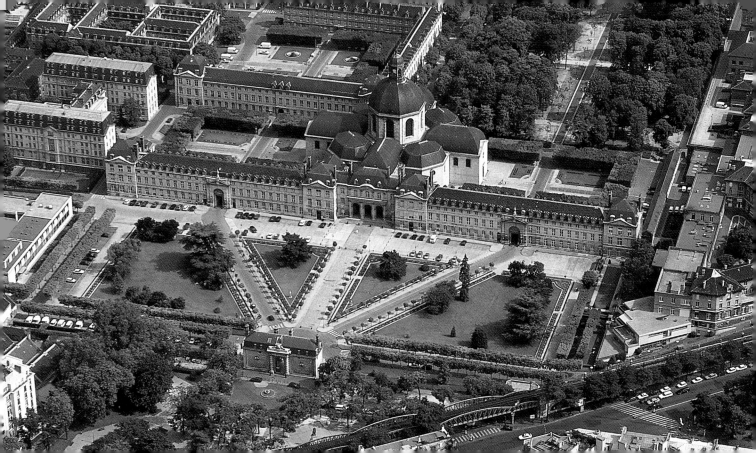

The Jardins du
Luxembourg

The Observatory
<

The Pantheon
mausoleum
>

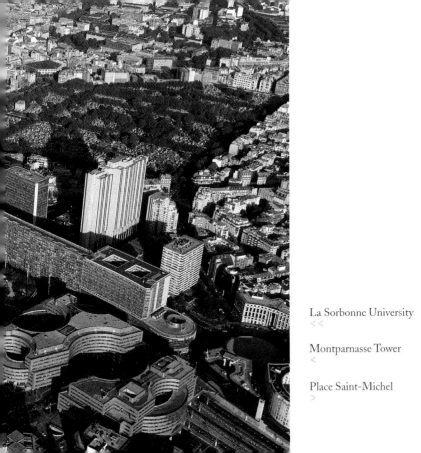

La Sorbonne University
< <

Montparnasse Tower
<

Place Saint-Michel
>

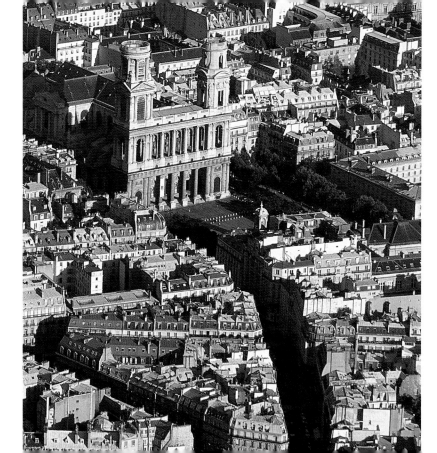

Saint-Sulpice church
<

The Palais-Bourbon,
National Assembly
>

Palace of the Legion of
Honour
<

Natural History
Museum and gardens
>

Rive droite *Right Bank*

VIIIe, IXe, XVIe, XVIIe arrondissements

The Arc de
Triomphe

La rive droite, qui porte l'empreinte du baron Haussmann, réorganisateur de Paris entre 1853 et 1870, demeure le siège de la finance, des élégances et de la vie mondaine. Au-delà de la perspective triomphale des Champs-Élysées, elle se prolonge par le bois de Boulogne, avec ses grandes avenues, ses restaurants de luxe et ses terrains de sport.

Most of this area, moreover, bears the mark of baron Haussmann's great reorganization of the city which took place between 1853 and 1870.
To the south of the triumphal way, the Champs-Élysées, which passes throug the Arc de Triomphe, it extends into the bois de Boulogne with its luxurious restaurants, sports facilities and grand avenues.

Place de la Concorde
<

The Arc de Triomphe
and the Étoile

The Grande Palais and the
Petit Palais, Alexander III
Bridge. In the background,
Church of the Madeleine
and Tuileries gardens

The Petit Palais
<

The glasswork of the
Grand Palais
>

pp. 60-61: The church
of the Madeleine
> >

Saint-Augustin church
< <

Russian Church, Rue Daru
<

The Opera House
>

The Élysée Palace

<

Le Fouquet's

>

Montmorency villa

The Trocadéro

>

Paris populaire *Working Class Paris*

X^e, XIe, XIIe, XVIIIe, XIXe, XXe arrondissements

Montmartre hill,
the Sacré-Cœur

Le quart nord-est demeure le secteur le plus populaire de la capitale. Souvent construits sur des terrains accidentés, composés en partie de villages rattachés à Paris en 1861, les quartiers y gardent une individualité plus marquée qu'ailleurs. Ce Paris populaire pèsera très lourd dans l'histoire politique et intellectuelle de la France.

The north-eastern quarter of the city still retains much of its working class character. Built, to large extent, on hilly terrain, some of which was only added to the capital in 1861, the diverse quartiers of this area have an individual charm which distinguishes them from the rest of the city. North-eastern Paris has played an important role in French art and politics over the centuries.

Montmartre hill

Ledoux rotunda, Stalingrad Square

The rue Marcadet neighbourhood
<<

Père-Lachaise cemetery
<

The Place de la Nation   Buttes-Chaumont gardens   Notre-Dame-de-la-Croix church at Ménilmontant

Seasonal fair 'La foire du Trône'
<

Gare de Lyon
>

Place de la Bastille,
July Column

<

Place de la République
>

Paris d'aujourd'hui *Paris today*

Au début des années 1960, Paris n'avait guère changé depuis la Première Guerre mondiale et sa population ne cessait de diminuer. Issues de la nécessité, les innovations se multiplièrent : nouveau quartier de la Défense, Centre Pompidou, Opéra de la Bastille, aménagement des Halles, du front de Seine, du Grand Louvre, de la porte de la Villette, de Bercy, la Grande Bibliothèque…

In the early 1960s, Paris remained virtually unchanged since the end of World War I, and its population was falling steadily. In an attempt to reverse this trend an ambitious public works programme was undertaken : the business quarter at la Défense, the Pompidou Centre, the Bastille opera house ; the redevelopment of les Halles and the banks of the Seine, the Louvre, the porte de la Villette and Bercy, among others.

La Défense

BERCY
Ministry of Finance
<

Shopping centre
>

pp. 86-87
France's National Library
> >

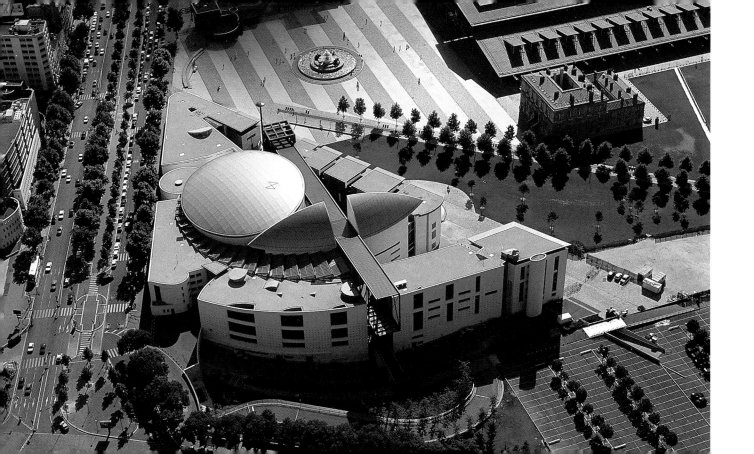

Roissy-Charles-de-Gaulle
Airport
< <

Stade de France stadium
>

pp. 94-95:
Île de la Cité, and
île Saint-Louis
> >